Andrea Bischofberger wurde 1982 in der Schweiz geboren. Als gelernte Schreinerin und Mutter von zwei Kindern erwachte ihr Interesse an Mandalas.

Bereits seit ihrer Kindheit spürte sie ihr Interesse an künstlerischer Kreativität und sie zeichnete leidenschaftlich gern. In den Mandalas vereint sie diese Leidenschaft und Energie zu einzigartigen und zutiefst persönlichen Kunstwerken.

Herstellung und Verlag:
BoD – Books on Demand, Norderstedt
ISBN: 978-3-7504-0670-4

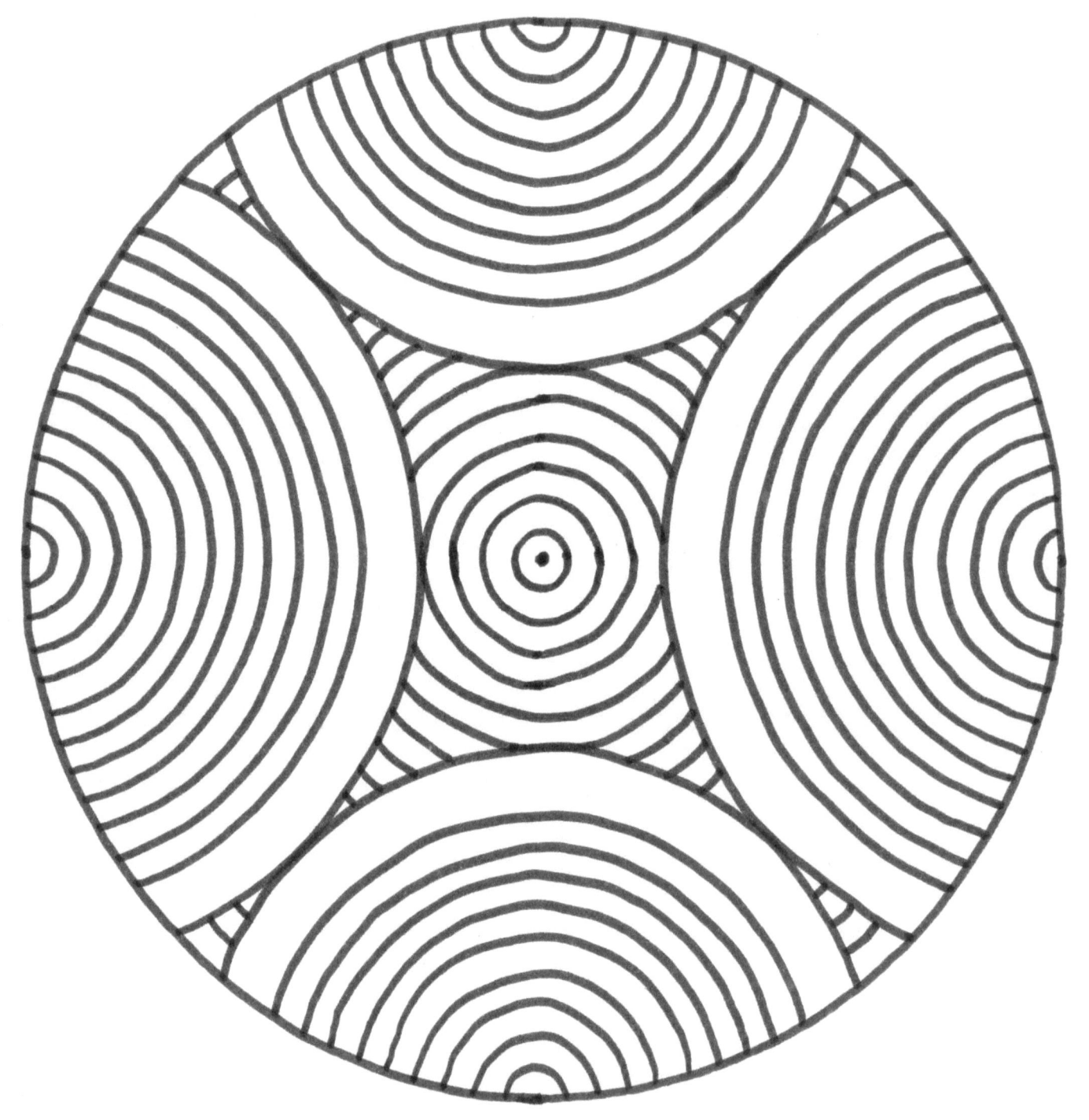

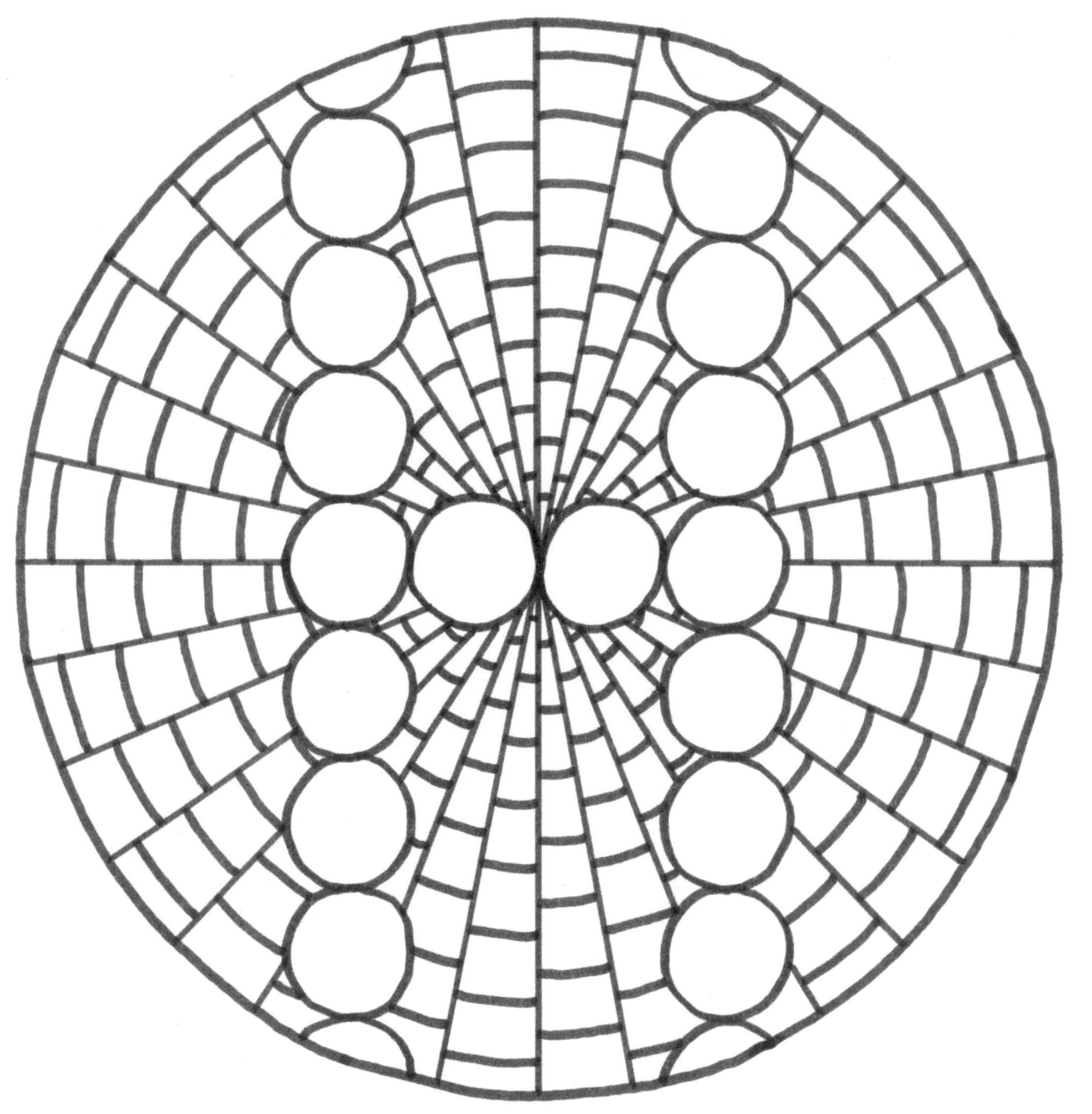

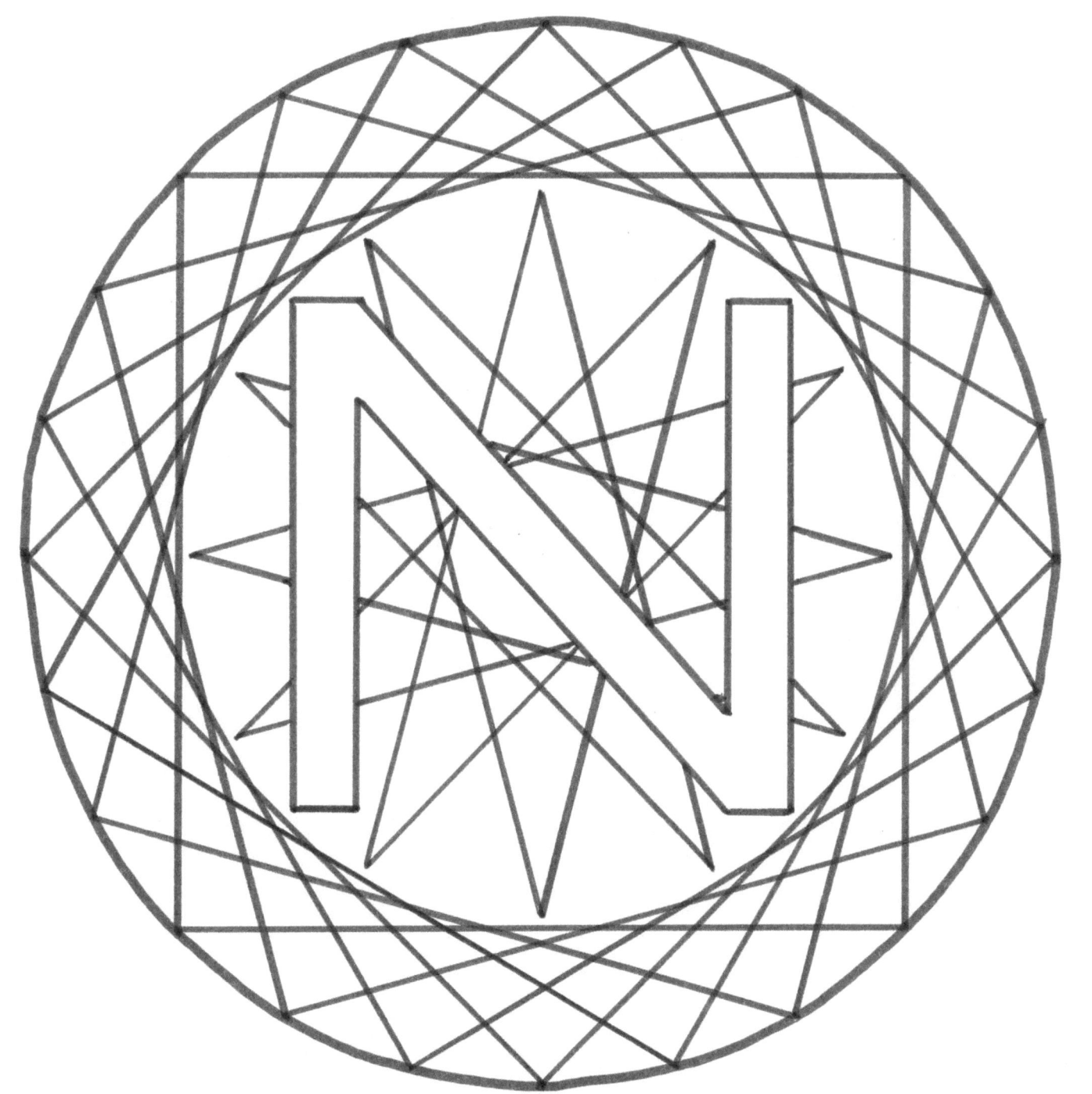

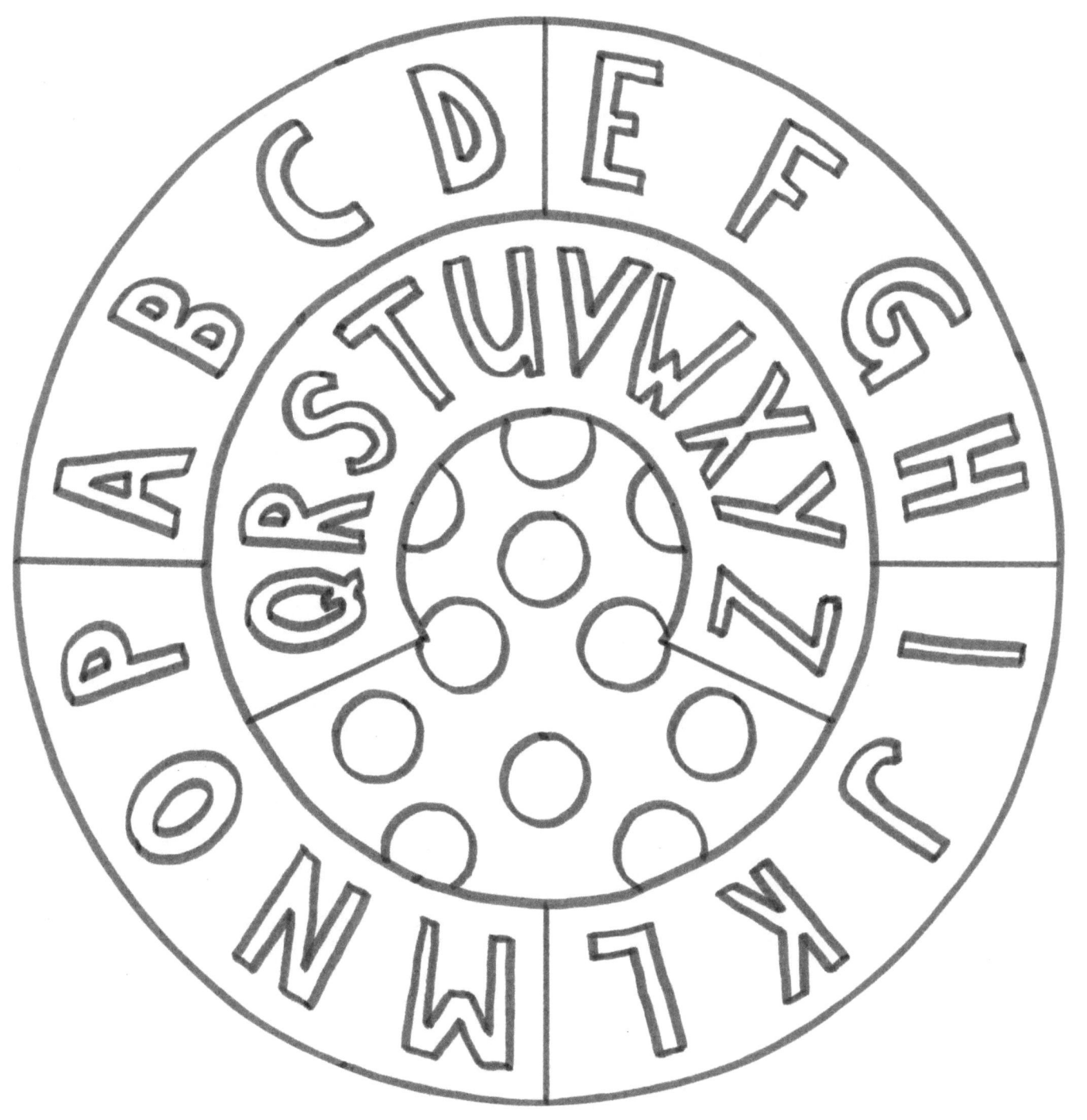